はじめに

　2022年2月、ロシアが隣国のウクライナに侵攻し、世界が緊張に包まれました。連日ロシア軍がウクライナを攻撃する様子がテレビなどで伝えられると、世界の人々は「戦争」を身近に感じ、不安におちいりました。あなたも、「なぜ戦争になったのだろうか?」という疑問をいだいたかもしれませんね。

　戦争とは国と国の争いです。国が認める、あるいは後おしする「殺し合い」と言ってもよいかもしれません。あなたはこれまで、「暴力はいけない」、「争いごとの解決は話し合いで」と教えられてきたと思います。また、多くの人は平和に暮らしたいと望んでいるはずです。それなのに、暴力による問題解決の最も極端な現れである戦争が起こるのはなぜでしょうか。それを考えるには、国際社会のルールや各国の関係、それぞれの国の言い分を学ぶことが重要です。

　このシリーズでは「どうして戦争はなくならないの?」という疑問への答えを見つける方法として、「地政学」の考え方を用います。「地政学」とは、国際政治や国と国との関係などを地理的な条件をもとに研究する学問です。「A国とB国はなぜ仲が悪いのか?」「C国はD国をどのように思っているのか?」などを解き明かすうえで、「地政学」が大切な手がかりをあたえてくれます。そして、世界のできごとがわかりやすくなるのです。

　「なぜ戦争がなくならないか?」を考えることは、「どうしたら戦争をなくせるのか?」につながります。平和な世界を実現するにはどうしたらよいのか、いっしょに考えていきましょう。

監修者　池上彰

教えて！池上彰さん

どうして戦争はなくならないの？

地政学で見る世界

3

戦争と平和の歩み

監修
池上彰

小峰書店

もくじ

※この本は、とくに断りのない限り、2023年1月時点の情報にもとづいています。

戦争の始まり

　これから、世界がたどってきた戦争と平和の歴史を見ていきます。世界では、古くから絶えず戦争が続いてきました。しかし、その一方で、戦争のない世界、つまり平和を求める動きもありました。その歴史をふり返り、平和な世界を築いていくための手がかりにしたいと思います。

　そもそも、人類はいつから戦争をするようになったのでしょうか。戦争を「国同士の武力を用いた戦い」だとすると、まず、国ができていなければなりません。人類は、はるか昔には、けものや魚などをとらえたり、木の実や果実などをとって食べたりする狩猟と採集の生活を送っていました。その後、約9000年前に西アジアで麦の栽培や羊、牛、ヤギなどを飼う農耕と牧畜の暮らしが始まりました。農耕をすることで人々は決まった場所に住むようになりました。食料がたくさん手に入るようになったことで人口も増え、集団が大きくなり、多くの人を支配する国というしくみができました。

　初めにできた国は、集落を中心とした限られた範囲を支配する都市国家でした。それがしだいに支配する地域を広げ、大きな国になっていきました。その過程で、周り

■シュメール人の戦車

メソポタミア南部には、紀元前2700年ごろまでに、シュメール人が多くの都市国家をつくっていました。そのひとつ、ウルの遺跡から、武器や軍隊などをえがいた工芸品が見つかっています。このころには、すでに戦争があったことがわかります。

の国との間で争いが起こり、武器を使って戦うようになりました。これが戦争です。戦争は、人類が国をつくったころから始まったと考えられます。

　最も古い文明が誕生した地域のひとつであるメソポタミア（現在のイラクなど）では、多くの都市国家が生まれ、それぞれが武器や軍隊を整えていました。戦争に勝った国は支配地域を広げて栄えるが、やがて別の国との戦争に敗れてほろびる。このような歴史がくり返されました。ほかの地域でも同様に、戦争によって、さまざまな国が栄えたり、ほろんだりしていたのです。

▶平和だった縄文時代

　日本では今から1万数千年前、土器を使う縄文時代が始まりました。人々は20〜30人ほどの集団で暮らし、狩猟と採集で食料を得ていました。

　縄文時代の遺跡からは、争いに用いたと考えられる武器や、戦いで死んだと思われる人骨はほとんど見つかっておらず、1万年以上にわたって続いた縄文時代は、争いの少ない平和な時代だったと考えられています。

▶鉄の武器の登場

　古い時代の武器は青銅器（銅や錫などの合金でつくられた道具）でした。紀元前17世紀半ばに、現在のトルコに国を建てたヒッタイトは、青銅器よりかたく優れた鉄製の武器を用いて勢力をのばしました。ヒッタイト軍の戦車には6本のスポークがついた車輪が使われていました。

ヒッタイトの戦車。スピードや機動力でまさっていたヒッタイトは、周辺の国との戦いで勝利を収めた。
Cynet Photo

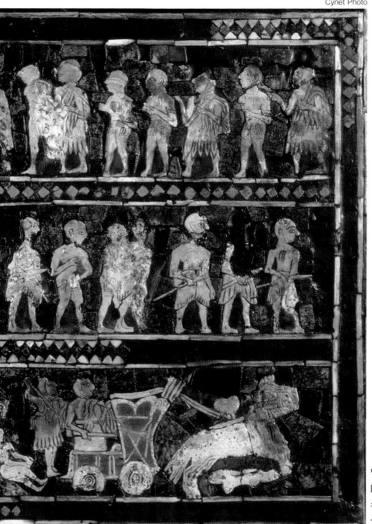

Cynet Photo

ウルのスタンダード（軍旗の意味だが、軍旗はあやまりとの説もある）。王が戦車や兵士を率いて戦う場面がえがかれている。

青銅器から鉄器へと武器が発達していったよ。

ローマの平和

紀元前にイタリア半島中部の都市国家から始まったローマが、地中海の広い範囲を領土にして繁栄しました。

伝説では、ローマは紀元前753年にふたごの兄弟が建国したとされています。初めは王政（王が国を支配する制度）でしたが、紀元前6世紀に、王を追放して共和制に変わりました。政治は貴族から選ばれた代表者たちが行っていましたが、やがて兵士として重要な役割をはたしていた平民も政治に参加するようになりました。

ローマは、紀元前3世紀にはイタリア半島全土を支配し、さらに周辺の国々と戦争をして領土に加えていきました。紀元前3世紀から紀元前2世紀にかけてフェニキア人が支配していた地中海西方の植民都市であるカルタゴを3度にわたる戦争の末に破り、この地を治めました。さらに東方のギリシャも支配下に組み入れ、地中海全体をほぼ支配するようになりました。紀元前1世紀から約100年続いた内乱の時期を経て、皇帝が支配する帝国に変わりました（ローマ帝国）。このころからの約200年間、平和と繁栄の時代が続いたことから、これを「ローマの平和（パクス＝ロマーナ）」と呼んでいます。

▌古代ローマの発展

イタリア半島の都市国家から始まったローマは、イタリア半島を支配したのち、シーパワーの国として地中海に進出します。カルタゴなどとの戦争の末に地中海を制覇し、ランドパワーの大国に変わっていきました。

紀元前8世紀ごろのローマ

ローマの領土（紀元前238年）

ローマの領土（紀元前101年）

地中海は交易がさかんな場所だったよ。

ヨーロッパ、アジア、アフリカの間にある地中海は、古くから交易（貿易）の要所であり、シーパワーのフェニキア人やギリシャ人たちが、さかんに船で物資を運んでいました。彼らは各地に港を築き、植民都市を置いていました。

ローマがイタリア半島で領土を広げ強大になると、地中海に進出するようになり、多くの戦争に勝利して地中海の西側、続いて東側も支配しました。地中海全体がローマの支配下に入ったことで、地中海はローマの国の中の内海（大国の中にある海）になり、ローマ人は地中海を「ノストラ・マーレ（われらの海）」と呼びました。

ローマは地中海に進出する過程でシーパワーの国として発展しました。そのため、同じシーパワーのフェニキア人やギリシャ人とぶつかることになりましたが、軍事力でまさり、領土を広げることができたのです。

そして、ついに地中海を内海とすると、ローマはランドパワーの国に変化していきました。同じ国がシーパワーとランドパワーを両立させることは難しいのですが、内海を得たことでシーパワーからランドパワーに変わることができたのです。

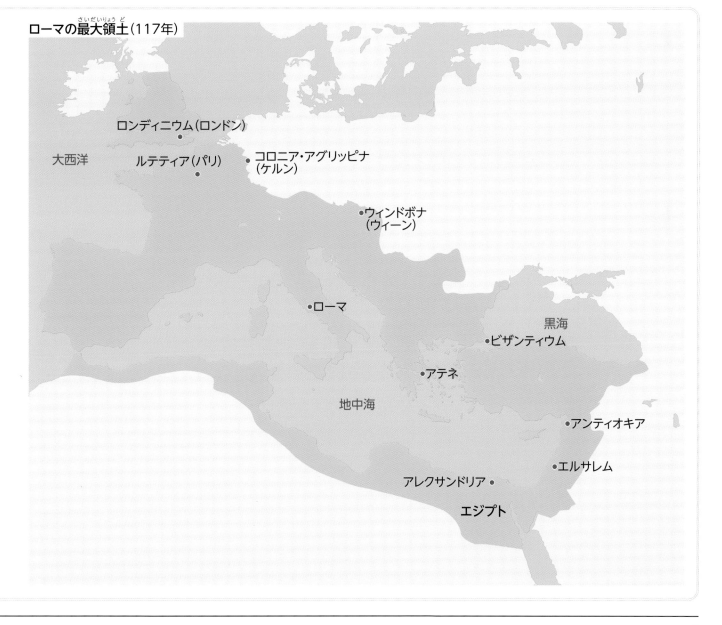

ローマの最大領土（117年）

大西洋

ロンディニウム（ロンドン）

ルテティア（パリ）

コロニア・アグリッピナ（ケルン）

ウィンドボナ（ウィーン）

ローマ

黒海

ビザンティウム

アテネ

地中海

アンティオキア

エルサレム

アレクサンドリア

エジプト

キリスト教とイスラム教の戦い

7世紀の初め、現在のサウジアラビアのメッカで暮らしていたムハンマドが始めたイスラム教は、アラビア半島、西アジア、北アフリカに広まっていきました。それにともない、イスラム教を信仰する人々によって建てられたイスラム帝国が領土を拡大していきます。11世紀には、イスラム教の国であるセルジューク朝が東地中海にまで領土を広げ、ローマ帝国が分裂してできたキリスト教の国、ビザンツ帝国（東ローマ帝国）をおびやかすようになっていました。また、セルジューク朝は、キリスト教の聖地であるエルサレムも支配下に置いていました。

ビザンツ帝国の皇帝が、ローマ教皇（ローマ＝カトリック教会の指導者）に助けを求めたため、教皇は西ヨーロッパのキリスト教国に、聖地エルサレムをうばい返す軍を送ることを呼びかけました。こうして始まったのが、十字軍の遠征です。十字軍は、約200年の間に7回派遣され、一時的にエルサレムを占領し、その地域にキリスト教の国を建てたこともありましたが、のちにイスラム勢力に取りもどされ、聖地回復の目的をはたすことはできませんでした。

▌十字軍の遠征

おもな十字軍の遠征は、7回とされていますが、そのほかにも民衆の中から自発的に起こったものもあります。1212年には、子どもたちが中心となって少年十字軍が結成されています。

また、エルサレムをうばうという本来の目的とは異なりますが、ビザンツ帝国を攻めて新しい国を建てたこともありました。結局、1270年の最後の十字軍にいたるまで、短い期間を除いては、聖地を取りもどすことはできませんでした。

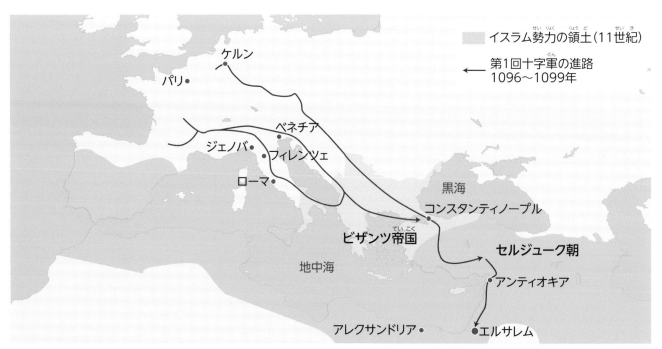

■ イスラム勢力の領土（11世紀）

← 第1回十字軍の進路 1096〜1099年

ケルン
パリ
ベネチア
ジェノバ
フィレンツェ
ローマ
黒海
コンスタンティノープル
ビザンツ帝国
セルジューク朝
地中海
アンティオキア
アレクサンドリア
エルサレム

3つの宗教の聖地、エルサレム

　現在はイスラエルが占領しているエルサレムは、ユダヤ教、キリスト教、イスラム教の3つの宗教の聖地です。

　ユダヤ教の聖地は、ユダヤ人の神殿あとの「嘆きの壁」。キリスト教の聖地は、イエス・キリストが処刑された地に建てられたとされる「聖墳墓教会」。イスラム教の聖地は、ムハンマドが天にのぼって神の言葉を授かったとされる場所にある「岩のドーム」です。

　このように、どの宗教にとっても大切な土地であることから、時として宗教的な対立の場にもなったのです。

イスラム教徒街区

キリスト教徒街区
聖墳墓教会●

嘆きの壁●　　●岩のドーム

ユダヤ教徒街区

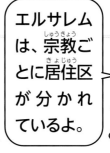

エルサレムは、宗教ごとに居住区が分かれているよ。

岩のドーム
© PIXTA

聖墳墓教会
© PIXTA

嘆きの壁
© PIXTA

　十字軍は、キリスト教の人々にとっては、聖地を回復するという宗教上の目的をはたすための軍でした。しかし、その根底には、キリスト教徒とイスラム教徒という、それぞれ別の信仰をもつ人たちの対立があったと見ることができます。

　キリスト教世界の人々には、聖地を取りもどすという大義名分がありましたが、イスラム世界側からすると、侵略にほかなりません。そのため、約200年にわたった十字軍の遠征は、イスラム教の人々の中に、その後も長い間うらみを残すことになりました。

　十字軍の戦いの舞台となった中東では、今でもユダヤ教の国イスラエルとイスラム教のアラブ諸国との間で対立が続いています（→22〜23ページ）。

　世界の歴史で、宗教や宗派（同じ宗教の中の異なる教え）をめぐる戦争はたくさんありました。今、起こっている紛争や国と国の関係についても、歴史的なしょうとつや宗教上の対立などが深く影響していることも多くあります。その点を知ったうえで、現在の国際関係や世界情勢を見ていくと、ものごとが理解しやすくなることもあるのです。

史上最大のモンゴル帝国

13世紀前半、モンゴル高原の遊牧民族であるモンゴル部族は、チンギス＝ハンに率いられて勢力をのばしました。モンゴル軍は騎馬軍による戦いをくり広げ、中央アジアの草原やオアシス地帯を支配しました。チンギス＝ハンの子孫も中国から西アジア、東ヨーロッパの各地に攻め入り、13世紀半ばには、ユーラシア大陸の広い範囲をしめる大帝国を築きました。これがモンゴル帝国です。

チンギス＝ハンの孫のフビライは、国名を元とし、首都を大都（現在の北京）に定めました。1276年には、南宋をほろぼし、中国全土を支配します。また、チベットや朝鮮半島の高麗を属国としました。

キプチャク＝ハン国など、チンギス＝ハンの子孫たちが連合してユーラシア大陸の広い地域を支配したモンゴル帝国は、東西を結ぶ交通路を整備することで、交易（貿易）を活発にし、国を豊かにしました。また、それにより東西の文化の交流もさかんになりました。

騎馬軍による軍事力や陸路の整備による活発な交易からもわかるように、モンゴル帝国は典型的なランドパワーの国でした。

▌モンゴル帝国の拡大

モンゴル帝国の騎馬軍は、南宋（中国）や西アジアのイスラム教国をほろぼしたほか、東ヨーロッパではドイツ・ポーランド連合軍を破りました。世界史上でも1、2を争う大帝国を築いたモンゴル帝国の勢いは、ランドパワーに支えられていました。

ポーランド
モスクワ
ビザンツ帝国
キプチャク＝ハン国
コンスタンティノープル
カラコルム
元　大都　高麗
日本
エルサレム
カイロ
バグダード
チャガタイ＝ハン国
イスファハーン
イル＝ハン国
デリー
ラサ
メッカ

モンゴル帝国の最大領土（13世紀）

※キプチャク＝ハン国、チャガタイ＝ハン国、イル＝ハン国は、チンギス＝ハンの子孫が治める国で、元を中心とするモンゴル帝国の地方的政権。

地政学では、ユーラシア大陸の内陸部をハートランドといいます。ハートランドは、あまり土地が豊かではないため、そこに位置する国は、周辺の豊かな土地まで領土を拡大しようとします。モンゴル帝国も、この流れに乗って中国や西アジアに勢力をのばしていきました。

その勢いのまま、さらに領土を広げようとしたフビライは、日本やベトナム（陳朝〈大越〉とチャンパー）、ジャワ島にも攻め入ろうとしますが、すべて失敗に終わっています。日本には2度にわたって水軍を送りましたが、日本の武士のていこうや暴風雨のために兵を引き上げています。ベトナム南部にも水軍を送りましたが、暴風によって撤退、ジャワ島への遠征も失敗しています。

海をわたって軍を送るには、シーパワーを必要とします。ランドパワーの国として急速に拡大してきたモンゴル帝国ですが、シーパワーを発揮することはできませんでした。

14世紀に入ると、天災や内紛でモンゴル帝国の支配がゆらぎ始め、1368年には、首都大都を明（中国）軍にうばわれて、元はモンゴル高原に退きました。

▶ 遠征の失敗

13世紀後半、モンゴル帝国は、日本、ベトナム（陳朝〈大越〉とチャンパー）、ジャワ島などに遠征軍を送りましたが、ほとんどは失敗に終わりました。失敗の原因はさまざまですが、ランドパワーの国が海への進出をめざしたものの、その国力を海上ではうまく発揮できなかったと見ることもできます。

一方で、モンゴル帝国は、海上ルートを利用した交易もさかんに行っていました。しかし、これはイスラム教徒の商人が切り開いていたもので、モンゴル帝国自身がつくりあげたものではありませんでした。

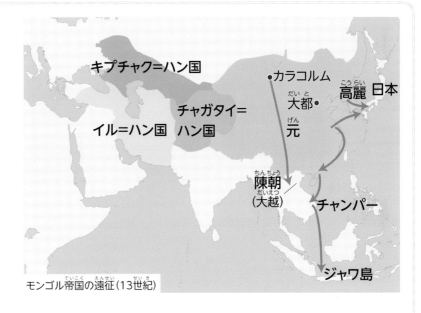

モンゴル帝国の遠征（13世紀）

キプチャク＝ハン国
チャガタイ＝ハン国
イル＝ハン国
カラコルム
大都
元
高麗 日本
陳朝（大越）
チャンパー
ジャワ島

「蒙古襲来絵詞（模本）」（九州大学附属図書館所蔵）部分

モンゴルの騎馬軍と戦う鎌倉時代の武士。日本は、2度にわたるモンゴル軍の侵攻（元寇）を退けた。

大航海時代の始まり

古くからヨーロッパ経済の中心は地中海での交易（貿易）によるものでした。イタリアの都市国家であるベネチアやジェノバは、東南アジアでとれた香辛料などを仕入れ、ヨーロッパの各地へ売ることで栄えていました。ところが、15世紀になると、イスラム勢力のオスマン帝国が領土を広げ、交易路を占領してしまいました。

そのころ、ヨーロッパの西端に位置するポルトガルは、海洋への進出を始めていました。西アフリカの国々との交易を行い、さらにアフリカ南端の喜望峰を回ってインドに向かう航路を開拓しました。オスマン帝国にお

さえられている東地中海を通らなくても、アジアとの貿易ができるルートが開かれたのです。

スペインもポルトガルにややおくれて海へと進出しましたが、彼らは西回り（大西洋を通るルート）でアジアをめざしました。ジェノバの商人だったコロンブスは、スペイン女王の援助を受けて西へ向かい、アメリカ大陸に到達しました。

15〜17世紀に、ヨーロッパの人々が新しい航路を切り開いて、世界各地に進出した時代を大航海時代といいます。この動きはのちの世界の歴史を大きく変えていくことになります。

■オスマン帝国の拡大

イスラム教のオスマン帝国は、13世紀末から勢力をのばし、1453年にはキリスト教のビザンツ帝国をほろぼしてしまいました。地中海から黒海にぬけるダーダネルス海峡とボスポラス海峡は、地中海交易のチョークポイント（海上交通の重要な場所）であり、オスマン帝国がここをおさえたことで、地中海での交易が制限されるようになりました。

オスマン帝国の領土（16世紀）

大航海時代のおもな探検家の航路（15〜16世紀）

■新航路の開拓

ポルトガルとスペインは、海洋に進出し、新航路を開拓しました。

1498年、ポルトガルのバスコ＝ダ＝ガマは、アフリカ南端の喜望峰を回ってインドに到達しました。

1492年、スペイン女王が派遣したコロンブスは、西回りでアジアをめざし、未知の大陸（アメリカ大陸）に到達しました。

1519〜1522年には、マゼラン一行が初めて地球を一周しました。

16世紀に入ると、シーパワーのポルトガルとスペインが本格的に世界に進出していきます。ポルトガルはインドや東南アジアに拠点を置き、日本にもやってきました。

一方のスペインは、アメリカ大陸に進出し、先住民のアステカ王国やインカ帝国をほろぼし、植民地を築きました。現在のボリビアで銀山が発見されると、大量の銀をほり出し、ヨーロッパへ持ち帰りました。この銀はヨーロッパや中国などで、通貨や装飾品に用いられました。こうして、世界史上で初めて、ヨーロッパ、アメリカ、アジアが交易によって結ばれることになったのです。

16世紀のヨーロッパでは、それまでのキリスト教の教会支配に反発して、新しい教えを信仰する宗教改革の動きが進んでいました。古い教え（カトリック）は旧教、新しい教え（プロテスタント）は新教と呼ばれました。商業が発展していたオランダは、当時スペインに支配されていましたが、新教徒が多い地域でもありました。ところが、旧教を国教としていたスペインがこれを弾圧したため、オランダは独立の反乱を起こしました。オランダの独立戦争は1568年から1609年まで続き、独立を勝ち取ったオランダはその後、シーパワーの国としてスペインをしのぐまでに成長しました。

▮アメリカ大陸の危機

ヨーロッパ人がアメリカ大陸に到達したころ、北アメリカにはアステカ王国、南アメリカではインカ帝国といった国が栄えていました。

ところが、武装したスペイン人たちに攻めこまれたことや、ヨーロッパから持ちこまれた感染症によって人口が激減し、わずかの間にこれらの国はほろんでしまいました。

スペインは、南アメリカ大陸に植民地を築き、先住民を鉱山などで働かせました。

Cynet Photo
ENTRADA DE CORTÉS EN MÉJICO
スペインのコルテスに攻めこまれるアステカ王国。

アステカ王国

インカ帝国

先住民の間に天然痘が広まってしまったんだよ。

▮銀山で大量の銀を生産

南アメリカのポトシ銀山では、大量の銀が生産され、ヨーロッパにもたらされました。そのために、物価が上がるインフレーションが起こり、ヨーロッパの物価が2〜3倍になりました。当時、ポトシ銀山と並ぶ生産量をほこった銀山が、日本の石見銀山です。このころの世界の銀貨のほとんどは、ポトシ銀山か石見銀山の銀でした。

© PIXTA
現在の石見銀山。

ヨーロッパの戦争

オランダは、ヨーロッパにおける交通や交易の要所であるライン川の河口に位置しています。この地には、古くから各地の商品が集まったため、オランダでは商業がさかんでした。17世紀初め、オランダはアジアとの貿易に乗り出し、ポルトガルから交易の拠点をうばいました。しかし、17世紀前半になると、オランダ同様に海への進出をめざすイギリスと対立するようになります。オランダとイギリスの間で3度にわたる戦争（英蘭戦争）が起こり、しだいにイギリスが優位に立つようになります。

島国であるイギリスは、他国から攻められるおそれが少なく、海に進出しやすかったため、アフリカやアメリカ大陸との交易に力を注ぎました。18世紀には、イギリスで産業革命が起こり、工業が発達します。その資金となったのは、交易で得た富でした。イギリスは、綿織物などの工業製品を生産し、輸出する工業国へと発展をとげていきます。また、それと同時に、北アメリカとインドの植民地化も進めました。

▶ 大西洋三角貿易

イギリスは、大西洋を舞台に、ヨーロッパ、アフリカ、アメリカ大陸を結ぶ三角貿易で大きな利益を得ました。まず、アフリカから黒人を奴隷としてアメリカ大陸に運びます。アメリカ大陸には砂糖やタバコなどを栽培する農場をつくり、奴隷たちを働かせます。農場でとれた作物は本国に持ち帰ったり、他国に輸出したりします。イギリス国内で工業がさかんになると、綿織物などの工業製品をアフリカなどに売るようになります。

砂糖・タバコ　ヨーロッパ
北アメリカ　大西洋　工業製品
カリブ海　奴隷　アフリカ
南アメリカ　ギニア湾

イギリスの綿織物の工場。

GRANGER.COM/アフロ

▶ 産業革命が起こる

18世紀後半のイギリスでは、機械によってものを生産する産業革命が起こりました。

綿織物を織るための機械や蒸気機関の発明により、生産力が高まり、綿工業が発展しました。また、鉄工業や石炭業などもさかんになったほか、蒸気機関車や蒸気船なども登場しました。

イギリスは質のよい製品を安く生産し、「世界の工場」と呼ばれるようになりました。

ナポレオン戦争

1789年にフランス革命が起こり、フランスは混乱の時期をむかえます。その中で軍と国民の支持を得たナポレオンは、1804年に皇帝になります。ナポレオンは、海戦ではイギリスに敗れますが、陸戦ではオーストリア・ロシア連合軍を破り、ヨーロッパ大陸のほとんどを支配下に置きました。

Cynet Photo

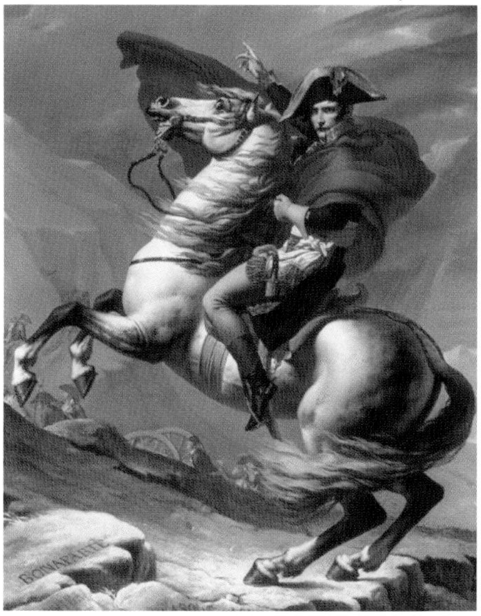

フランス皇帝ナポレオン。各地に攻め入り、領土を広げた。

ナポレオンが全盛期のヨーロッパ(1810〜1812年)

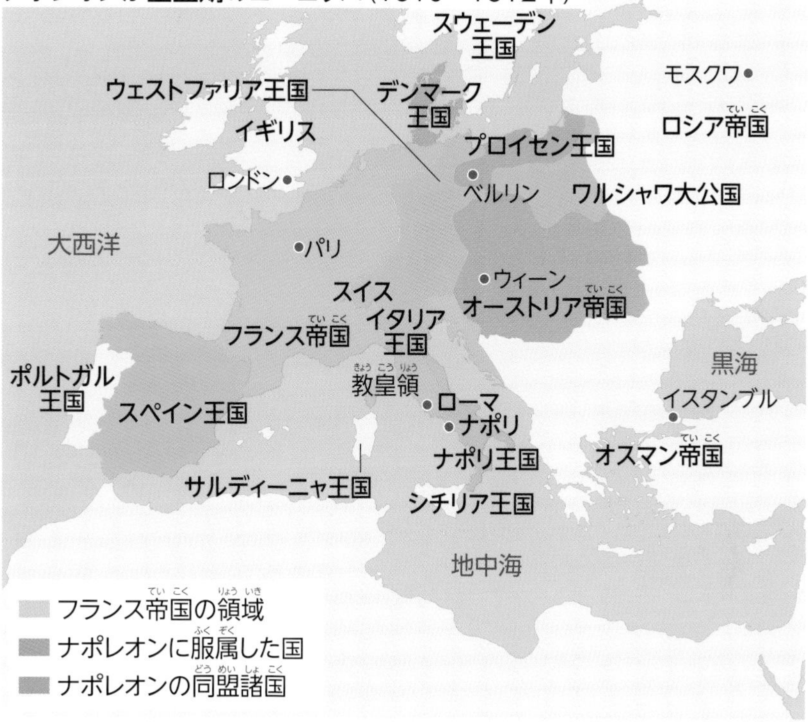

スウェーデン王国
モスクワ
ウェストファリア王国
デンマーク王国
イギリス
ロシア帝国
プロイセン王国
ロンドン
ベルリン
ワルシャワ大公国
大西洋
パリ
ウィーン
スイス
オーストリア帝国
イタリア王国
フランス帝国
黒海
ポルトガル王国
教皇領
ローマ
イスタンブル
スペイン王国
ナポリ
ナポリ王国
オスマン帝国
サルディーニャ王国
シチリア王国
地中海
フランス帝国の領域
ナポレオンに服属した国
ナポレオンの同盟諸国

ウィーン体制

1814〜1815年、ナポレオン戦争の戦後処理のために、オーストリアのウィーンで会議が開かれました。諸国の協議で勢力均衡と平和を守るしくみが決められました。これをウィーン体制といい、20世紀初めまで続きました。

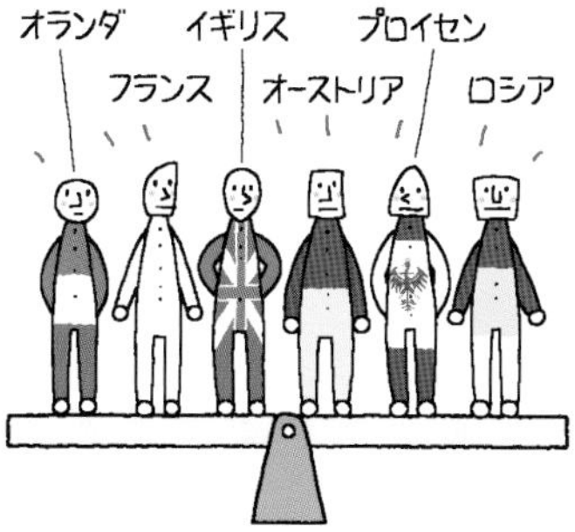

オランダ
イギリス
プロイセン
フランス
オーストリア
ロシア

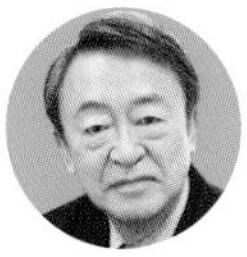

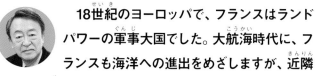

18世紀のヨーロッパで、フランスはランドパワーの軍事大国でした。大航海時代に、フランスも海洋への進出をめざしますが、近隣の国から攻められるおそれがあるため、イギリスのように、海洋にばかり力を注ぐわけにはいきませんでした。ともに海洋への進出をめざしたイギリスとフランスは、北アメリカの植民地をめぐってたびたびしょうとつしましたが、イギリスの優位はゆるぎませんでした。

イギリスやフランスと同様に、18世紀には、ランドパワーのロシアも海への進出を試みます。スウェーデンとの戦争に勝ってバルト海へ進んだロシアでしたが、黒海でオスマン帝国とぶつかり、進出をはばまれました。

18世紀末にフランスで革命が起こり、その混乱の中でナポレオンが皇帝になりました。ナポレオンは周辺の国々に攻めこんで支配地域を広げましたが、ロシアとの戦争で敗れ、勢いを失います。やがて皇帝を退位すると、ヨーロッパ諸国は、会議を開いてフランスが占領していた領土の配分を話し合います（ウィーン会議）。この会議では、ヨーロッパに大国が現れないように、勢力均衡（バランス・オブ・パワー）が打ち出されました。

帝国主義の時代

　ウィーン体制下で勢力均衡が実現すると、ヨーロッパに平和な時代が訪れました。それにより、ヨーロッパ諸国は、海外への進出により力を注ぐようになりました。

　シーパワーのイギリスは、インドから東南アジア、さらには清（中国）までを支配しようとしていました。18世紀後半にインドの植民地化を進め、19世紀前半にはチョークポイントであるマラッカ海峡周辺も植民地に加えました。海上交通路をおさえたイギリスは、インドを中継地として清との貿易を行いました。清に対してインドで栽培した麻薬（アヘン）を売り、その対価として大量の銀を得ました。これに反発した清との間でアヘン戦争が起こりますが、軍事力でまさるイギリスの勝利に終わり、清を半植民地化していきます。

　19世紀後半には、フランスやドイツ、アメリカでも工業化が進み、製品をつくるために必要な資源や、製品を売るための市場を求めて世界に進出するようになります。これらの強国は、植民地や自国の影響力がおよぶ範囲を広げようと、軍備の増強を競い合いました。これを帝国主義といいます。

■ 清にアヘンを売るイギリス

　18世紀中ごろまで、イギリスは、清から茶、絹、陶磁器などを輸入していましたが、清に売るものがなく、大量の銀（通貨）が清に流れました。

　18世紀末以降、イギリスは、植民地化したインドでアヘンを栽培させ、清に売りました。清では、アヘン中毒者が増え、大量の銀が流出するようになります。

　イギリスと清の対立から1840年にアヘン戦争が起こりますが、イギリスの武力の前に清は敗れました。

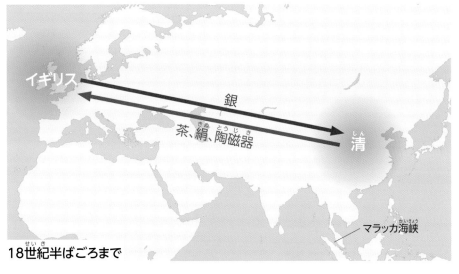

銀
茶、絹、陶磁器
イギリス
清
マラッカ海峡
18世紀半ばごろまで

アヘン戦争の結果、清はイギリスに香港をうばわれたよ。

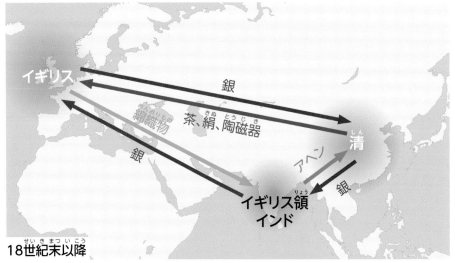

銀
茶、絹、陶磁器
綿織物
銀
アヘン
銀
イギリス
清
イギリス領インド
18世紀末以降

大航海時代以降のヨーロッパでは、シーパワーの国が勢いをもっていましたが、19世紀半ばごろに鉄道網が整備されるようになると、陸上の輸送力がのびたため、ランドパワーの国が力をつけていきました。

ロシアは、シベリア鉄道を建設することで、清（中国）など東アジアへの進出をねらいました。ドイツも、中東までの鉄道を整備して、国力をのばそうとしました。

ランドパワーのロシアは長年、冬でもこおらない不凍港を得て海洋へ進出することをもくろんでいました。そ

こで、18世紀以降国力がおとろえていたオスマン帝国に戦争をしかけます。また、インドに向けて中央アジアへの進出もはかります。こうした動きを警戒したイギリスは、オスマン帝国を支援して、ロシアの進出をはばみます。清から不凍港であるウラジオストクをふくむ地域をうばったロシアは、さらに満州や朝鮮半島への進出をはかりますが、ここで、近代化を進める日本としょうとつすることになるのです。

一方ドイツでは、フランスとの戦争に勝ったプロイセンを中心にドイツ帝国が誕生し、国力を高めていきました。

▶ロシアの東方進出

ロシアは、不凍港を求めて南下政策をとっていましたが、オスマン帝国やインドではイギリスなどに進出をはばまれたため、東アジアをめざすようになります。

1860年には、清から沿海州を獲得し、不凍港であるウラジオストクを手に入れました。

また、20世紀初頭には、東アジアにいたるシベリア鉄道を開通させました。

Cynet Photo

シベリア鉄道建設の様子。シベリア鉄道は、19世紀半ばから構想され、1891年に建設が始まった。完成したのは、1904年で、日露戦争の最中だった。

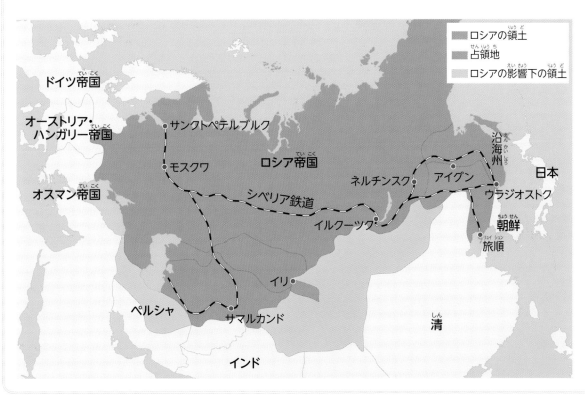

凡例：
- ロシアの領土
- 占領地
- ロシアの影響下の領土

ドイツ帝国
オーストリア・ハンガリー帝国
オスマン帝国
サンクトペテルブルク
モスクワ
ロシア帝国
シベリア鉄道
ネルチンスク
アイグン
沿海州
日本
ウラジオストク
イルクーツク
朝鮮
旅順
イリ
清
ペルシャ
サマルカンド
インド

第一次世界大戦と国際連盟

1904年、朝鮮半島の権益をめぐってロシアと日本との間で日露戦争が起こりました。ロシアの進出をはばみたいイギリスが、日本を支援したこともあり、日露戦争は日本の勝利で終わりました。

このころ、国力をのばしていたドイツは、イギリスやフランスと対立するようになります。また、民族や宗教が入り交じるバルカン半島の主導権をめぐって、ドイツ・オーストリアは、ロシアとしょうとつしていました。

ドイツとの関係が悪化していたイギリス、フランス、ロシアの3国は、同盟（三国協商）を結びます。一方のドイツは、オーストリア、イタリアと同盟を結びます。

1914年、バルカン半島のサラエボで起こったオーストリアの皇位継承者夫妻が暗殺される事件（サラエボ事件）をきっかけに、ヨーロッパを戦場として、戦争が始まりました。これが第一次世界大戦です。日本をふくむ世界の多くの国が巻きこまれ、長期にわたって戦う大戦争になりました。

▌第一次世界大戦の経過

第一次世界大戦では、当初、ドイツ、オーストリア、イタリア、オスマン帝国などの同盟国と、イギリス、フランス、ロシアなどの連合国が戦いました。日本は、イギリスと同盟（日英同盟）を結んでいたため、連合国側につきました。イタリアは途中で同盟国側から連合国側に、1917年にはアメリカも連合国側に加わりました。ロシアでは戦争中に革命が起こって社会主義の政府ができ、ドイツと休戦しました。

日本 1914年 8月参戦
イタリア 1915年 連合国側に
アメリカ 1917年 4月参戦
イギリス
フランス
ロシア
ドイツ
オーストリア
オスマン帝国
対立

▌総力をあげての戦い

初めての世界大戦は、各国が国の持てる力をすべて動員する総力戦となり、その結果、長期化しました。

また、戦車（タンク）や毒ガス、航空機など、新しい兵器も使われました。

Cynet Photo

エンジンを積み、キャタピラで走る戦車（タンク）。1916年にイギリスが初めて実戦に使った。

Cynet Photo

防毒マスクをして銃をうつ兵士。毒ガスは、1915年にドイツが初めて使用した。

1914年に始まった第一次世界大戦では、1915年にそれまで同盟国側だったイタリアが連合国側につきました。また、1917年には、開戦以来中立を保っていたアメリカが連合国側に加わりました。戦局はしだいに連合国側が有利になり、1918年に連合国側の勝利で終わりました。

1919年、戦後処理を話し合う会議が開かれました。その結果、敗戦国のドイツは多くの領土を失い、多額の賠償金を課せられました。この会議で、アメリカのウィルソン大統領が、世界の平和をめざす国際機構をつくることを提唱し、国際連盟が設置されました。国際連盟は、人類史上初めて世界の国々が平和のために協力する大規模な国際機構でした。しかし、敗戦国のドイツやロシア革命でできた社会主義のソビエト連邦（ソ連）は招かれず、提唱国のアメリカも国内の議会で認められず不参加となったため、じゅうぶんな成果をあげることはできませんでした。

その一方で、大戦終結からしばらくすると、国際協調の気運が高まり、不戦や軍縮への動きも見られました。

▶ 国際連盟のしくみ

国際連盟の本部はスイスのジュネーブに置かれ、総会、理事会、事務局を中心に運営されていました。加盟国の安全を守るために、どこかの国が加盟国を侵略した場合、国際連盟が制裁を加えることができました。しかし、制裁は経済的なものに限られ、その決定は全会一致（すべての加盟国が賛成する）でなければならなかったため、実際に可決できたのは、わずか1回だけでした。

総会　理事会　助けられない

イギリス　フランス　日本　イタリア

知らんぷり　まねかれず　加わらず

アメリカ　ドイツ　ソ連

▶ 平和を求める動き

第一次世界大戦で多くの犠牲者を生んだ反省から、終戦後は、戦いをさけ、平和を求める活動が見られるようになりました。

1921年から翌年にかけて、大国が持てる軍艦を制限する海軍軍備制限条約が結ばれました。1928年には、アメリカとフランスの提唱で、「紛争を解決する手段としては戦争を放棄する」と定めた不戦条約が、15か国によって調印されました。1930年には、ロンドンで海軍軍縮会議が開かれました。

Cynet Photo

不戦条約に調印するフランスのブリアン外務大臣。

不戦条約では、自衛のための戦争は認めていたよ。

第二次世界大戦と国際連合

第一次世界大戦に敗れたドイツは、ばく大な賠償金を課せられ、そのことが復興のさまたげになっていました。経済の混乱が国民の不満につながり、やがてヒトラー率いるナチスが支持されるようになります。

一方、連合国側に参加した日本は、南洋諸島を委任統治領にするなど、シーパワーの国として力をつけていました。ところが、同じく太平洋に進出していたシーパワーの大国、アメリカとの間で利害がしょうとつして対立が起こります。

1939年、勢力拡大をめざすドイツがポーランドに侵攻し、第二次世界大戦が始まりました。戦争はイギリス、フランス、ソ連などの連合国側（後にアメリカも参加）とドイツ、イタリアなどの枢軸国側（日本も参加）の戦いになりました。

1941年には太平洋や東南アジアでの日本とアメリカの対立が戦争に発展し、太平洋戦争が始まりました。

ヨーロッパとアジア・太平洋での戦争は、しだいに連合国側が有利となり、1945年に、ドイツ、日本が降伏して終結しました。

■ヨーロッパの戦争

ヨーロッパの戦争は、1939年にヒトラー率いるドイツがポーランドに侵攻したことで始まりました。ドイツは短期間にヨーロッパの広い範囲を占領しました。1941年、ドイツは独ソ不可侵条約を結んでいたソ連に侵攻しましたが、物資の不足や冬の寒さのために、退きました。

ドイツは、シーパワーのイギリスなどと戦いながらランドパワーのソ連とも戦うという戦略が失敗し、しだいに不利な状況に追いこまれていきます。

デンマーク / ノルウェー / スウェーデン / フィンランド / オランダ / ソ連 / アイルランド / イギリス / ドイツ / オーストリア / チェコ / スロバキア / スイス / ハンガリー / ルーマニア / フランス / ユーゴスラビア / ブルガリア / スペイン / イタリア / トルコ / ギリシャ / アルバニア / エジプト

□ 枢軸国
— 枢軸国の最大勢力範囲

資源や工業力でもアメリカが圧倒的に上だったよ。

中国 / アメリカ / へとへとだ / イギリス

■アジアの戦争

日本は、1937年から中国と戦争状態にありました。ランドパワーの中国は、日本の侵攻に対してねばり強く抵抗したため、日本軍は苦戦をしいられました。一方で、アメリカとの対立も決定的なものになり、1941年に太平洋戦争が始まります。日本は、ランドパワーの中国と同時にシーパワーの大国アメリカとも戦わなければならず、敗戦への道を歩むことになります。

▌国際連合の集団安全保障

国際連合に加盟している国は、どこかの国が平和を守るためのルールを破って他国を侵略した場合、集団でその国に軍事的な制裁を加えることができます。このしくみを集団安全保障といいます。

制裁を加えるかどうかを決めるのは、安全保障理事会（安保理）です。安全保障理事会は、5つの常任理事国（アメリカ、ロシア、イギリス、フランス、中国）と10の非常任理事国から成り、常任理事国のひとつでも反対した場合は、可決できないしくみになっています。

国際連合

ルール破りの国

安全保障理事会

非常任理事国 10か国

常任理事国 5か国

フランス
中国 [反対]
一国でも反対すると否決
イギリス
ロシア
アメリカ

Cynet Photo

国連の安全保障理事会。

連合国のアメリカ、イギリス、ソ連、中国は、戦争中から戦後の体制について協議し、国際連盟にかわる国際平和のための新しい機関の設置を決めました。これを受けて、1945年10月に、連合国側の51か国が参加して国際連合が発足しました。

国際連合は、「世界の平和と安全を維持すること」、「諸国間の友好関係を発展させること」などを目的とする国際機関です。国際連盟がじゅうぶんに機能しなかった反省から、全会一致ではなく、多数決制をとっています。また、他国を侵略した国には、国連軍による軍事的な制裁をあたえられるようになりました。ただし、戦勝国の5大国（アメリカ、ロシア、イギリス、フランス、中国）が一致しなければ制裁を加えることができません。

日本も1956年に参加が認められ、2023年現在では、世界のほとんどの国が国際連合に加盟しています。

中東の紛争の原因

ヨーロッパから見て東方のややはなれた場所に位置する地域を中東といいます。ヨーロッパ、アジア、アフリカのつなぎ目にあたる西アジアやアラビア半島、北アフリカなどの一帯で、イスラム教徒が多く住んでいます。中東は長年、紛争やテロが多い地域です。それはなぜでしょうか。

13世紀から20世紀初めまで、中東は強大なオスマン帝国が支配していました（→12ページ）。オスマン帝国は東西の交易の重要地をおさえて繁栄していました。領土内ではさまざまな民族が暮らしていましたが、宗教や言葉の自由が認められていたため、人々は平和に共存していました。

1914年に第一次世界大戦が始まると、オスマン帝国は、敵対するロシアと戦っていたドイツなどの同盟国側について参戦しましたが、敗れてしまいました。このとき、オスマン帝国が解体され、イギリスやフランスが民族や宗派を無視して領土を分割したため、これらの地域は独立後も国としてまとまることが難しくなってしまいました。また、イギリスは第一次世界大戦中に協力を求めたいくつかの勢力に対して矛盾する約束を提示したうえ、戦後その約束を守りませんでした。現在の中東の混乱は、これらの事情が原因となっているのです。

📑 イギリスがした3つの約束

イギリスは、第一次世界大戦を有利に進めるため、オスマン帝国に支配されていたアラブ人や、中東のパレスチナを追われて各地に分散していたユダヤ人に協力をたのみます。しかし、その一方で、フランス・ロシアとは、オスマン帝国を分割して植民地にする密約を交わしていました。これらは、たがいに矛盾する約束だったため、その後の混乱の原因となりました。

サイクス・ピコ協定
われわれ3国でオスマン帝国の領土を分割して植民地にしよう。

オスマン帝国の領土を植民地にしたい。

ロシア

イギリス

フランス

オスマン帝国の支配を脱して独立したい。

パレスチナに自分たちの国をつくりたい。

バルフォア宣言
戦争の資金を出してくれれば、中東にユダヤ人の国を建てることを認めますよ。

イスラム教を信仰する。長年、パレスチナにも暮らしている。

ユダヤ人

ユダヤ教を信仰する。約2000年前にパレスチナの地を追われ、自分たちの国を建てることが悲願。

フセイン・マクマホン協定
オスマン帝国内で反乱を起こせば、民族の独立を認めよう。

アラブ人

第一次世界大戦後、中東はイギリスとフランスの委任統治（地域の統治を任されること。植民地支配とほぼ同じ）下に置かれました。その後、1930年代には、中東の各地で油田が発見されたことで、この地の重要度が増しました。

イギリスとの約束で、パレスチナに自分たちの国をつくろうとユダヤ人が移住してきますが、同じように民族の独立を認めると約束されたアラブ人との間で対立が起こります。

両者の対立は第二次世界大戦後まで続きました。たがいの主張にはさまれて困ったイギリスは、1947年に中東の委任統治を放棄することにし、問題を新しくできた国際連合にゆだねます。国連では、アメリカが主導して、パレスチナをユダヤ人とアラブ人で分割することを提案しますが、アラブ人がこれを拒否します。

1948年、ユダヤ人がパレスチナにイスラエルを建国すると、アラブ人との間で戦争が起こります。イスラエルはこの戦争に勝って独立を保ちましたが、パレスチナに住んでいた約100万人のアラブ系のパレスチナ人が土地を追われ、難民となりました。イスラエルとアラブ人との戦争はその後もたびたび起こり、いまだに問題は解決していません。

▶ パレスチナ問題

1948年にパレスチナにユダヤ人の国、イスラエルが建国されると、周辺の国々のアラブ人が反発し、第一次中東戦争が始まりました。イスラエルとアラブ諸国の間では、4回にわたって戦争が起こっています。その結果、もともとパレスチナに住んでいたアラブ人はパレスチナ難民となり、現在もヨルダン川西岸とガザの自治区に約500万人が暮らしています。

イスラエルとパレスチナ難民の和平への道が探られてきましたが、いまだに解決にはいたっていません。

■パレスチナ自治区

年代	できごと
1945年	第二次世界大戦が終わる。
1947年	国連がパレスチナ分割案を提案する。ユダヤ人は受け入れるが、アラブ人は拒否する。
1948年	イスラエルが建国を宣言する。 第一次中東戦争が起こる（〜1949年）。 イスラエルの勝利。
1956年	第二次中東戦争が起こる。
1964年	パレスチナのアラブ人解放をめざすパレスチナ解放機構（PLO）ができる。
1967年	第三次中東戦争が起こる。
1973年	第四次中東戦争が起こる。
1979年	イスラエルとエジプトが平和条約を結ぶ。
1993年	イスラエルとPLOがパレスチナ暫定自治協定に調印。イスラエルがパレスチナ難民の暫定自治を認める。
1995年	イスラエルとPLOがパレスチナ自治拡大協定に調印。
2003年	中東和平計画に合意する。和平に向けたロードマップの提案。

東西冷戦の時代

第二次世界大戦が終わると、アメリカを中心とする資本主義の国々と、ソ連を中心とする社会主義の国々が対立するようになります。資本主義の国々は西側、社会主義の国々は東側と呼ばれ、アメリカとソ連が直接戦争をすることはなかったものの、さまざまな対立を生んだことから、東西冷戦と言われています。

ソ連が東ヨーロッパに社会主義の国を次々に建てたことに対抗して、西側諸国は東側からの攻撃に備え、1949年にNATO（北大西洋条約機構）を結成します。これに対して東側諸国は、1949年にCOMECON（経済相互援助会議）を、1955年にはワルシャワ条約機構を結成しました。

勢力拡大をめざすランドパワーの東側諸国に対し、アメリカやイギリスなどの西側諸国はそれを封じる対応策をとりました。西側の一員である日本はアジアにおける西側の防波堤とみなされました。東西陣営がぶつかる地域では、朝鮮戦争、ベトナム戦争などが起こりました。

▶ 東西陣営のしょうとつ

冷戦の時期には、アメリカとソ連が直接戦争をすることはありませんでしたが、東西陣営が接する地域で戦争や紛争が起こりました。

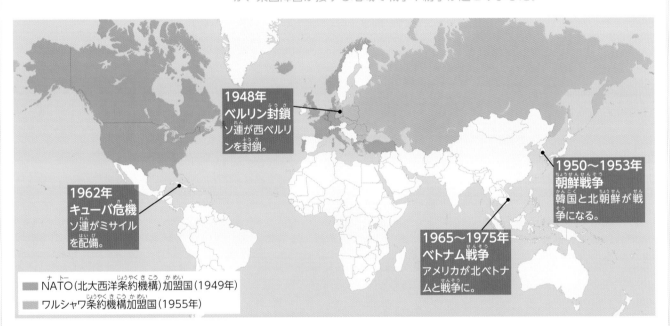

1948年 ベルリン封鎖 ソ連が西ベルリンを封鎖。

1962年 キューバ危機 ソ連がミサイルを配備。

1950〜1953年 朝鮮戦争 韓国と北朝鮮が戦争になる。

1965〜1975年 ベトナム戦争 アメリカが北ベトナムと戦争に。

■ NATO（北大西洋条約機構）加盟国（1949年）
■ ワルシャワ条約機構加盟国（1955年）

▶ ドイツが東西に分裂

第二次世界大戦後、ドイツは、アメリカ、イギリス、フランス、ソ連が分割して占領しました。冷戦が激しくなると、西側の占領地区と東側の占領地区がそれぞれに独立し、2つのドイツができました。

首都だったベルリンも東西に分断され、その境界に「ベルリンの壁」が築かれ、自由な行き来ができなくなりました。

picture alliance/アフロ

1961年、「ベルリンの壁」が築かれた。壁をこえようとすると射殺されることもあった。

中国では第二次世界大戦後に、資本主義の国民党と社会主義の共産党の内戦が続いていましたが、共産党が勝利し、1949年に社会主義の中華人民共和国ができました。

中国とソ連は、1950年に中ソ友好同盟相互援助条約を結び、同盟関係にありましたが、1950年代後半から関係が悪化するようになりました。中国とソ連はどちらもランドパワーの国で、同じ社会主義の国でありながら、国境付近で領土問題をもとにする紛争などが起こったことから、対立が激しくなっていったのです。

そこで中国はアメリカや日本などの西側の国に接近する道をとり、1972年には、アメリカや日本と国交を結びました。アメリカも中国と手を結ぶことで、ソ連を封じこめようとしたのです。

中国とソ連との対立は1980年代まで続きました。1989年にソ連のゴルバチョフ大統領が中国を訪問して関係が正常化しましたが、その直後にソ連が解体してしまいました。

◤中国とソ連の対立

長い国境を接する中国とソ連は、ともにランドパワーの国です。1950年代後半から対立するようになり、1969年には珍宝島をめぐる領土問題から武力しょうとつしました。

社会主義国同士の対立だったよ。

ブレジネフ

ウスリー川にある小島。1969年に、ここをめぐる国境争いから武力しょうとつする。

珍宝島（ダマンスキー島）

周恩来　毛沢東

◤中国とアメリカの接近

アメリカは、中華人民共和国を承認せず、台湾の国民政府を中国の正式な政府とみなしていました。しかし、中国がソ連と対立するようになったことから、1971年にキッシンジャー大統領補佐官を北京に送って、中国との国交回復に向けたはたらきかけをしました。さらに、翌年の1972年には、ニクソン大統領が中国を訪れ、中国と国交を開くことに合意しました。

このことは日本にもしょうげきをあたえ、1972年に田中角栄首相が中国を訪問し、関係の正常化をはたしました。

Cynet Photo

中国の毛沢東主席（左）とアメリカのニクソン大統領（右）の会談。

冷戦の終わり

東西冷戦は第二次世界大戦直後から40年以上にわたって続きました。この間、軍事費を優先していたソ連の経済は、悪化の道をたどりました。また、1979年からアフガニスタンへ侵攻したことで、国際社会から批判を受けるとともに、経済はいっそうの行きづまりを見せます。

1985年にソ連の共産党書記長になったゴルバチョフは、社会主義体制を立て直すために、言論の自由化や外交の見直しなどを進めました。同じころ、アメリカも大規模な財政赤字をかかえており、軍備を縮小することで財政が改善することを期待して、ソ連との話し合いを試みるようになりました。

米ソ首脳会談で核兵器削減などの軍縮に合意し、両国の緊張関係に変化が生まれました。1989年、ソ連軍はアフガニスタンから撤退し、米ソ首脳がマルタ島で会談して「冷戦の終結」を宣言しました。

▶マルタ島での米ソ首脳会談

1989年12月、アメリカのブッシュ大統領とソ連のゴルバチョフ書記長は、地中海のマルタ島で首脳会談を行いました。

この年には、東ヨーロッパの国々で民主化の動きが広がるなど、世界情勢が大きく変化する中での会談でした。会談後、両首脳は共同記者会見に臨み、冷戦の終結を宣言しました。

アメリカのブッシュ大統領(左)とソ連のゴルバチョフ書記長(右)。

AP/アフロ

ブランデンブルク門の前で、ベルリンの壁の崩壊を祝福するベルリン市民。

▶ベルリンの壁の崩壊

米ソ首脳によるマルタ会談の直前の1989年11月、東ドイツ政府は、国民に対して自由な出国を認めました。これを受けて、東西ドイツ分断の象徴だったベルリンの壁がこわされました。これら一連の動きは、翌年のドイツ再統一につながっていきます。

Cynet Photo

東ヨーロッパの民主化

冷戦の終結前後に、東ヨーロッパでは、民主化を求めて民衆が立ち上がり、社会主義政権に反対する動きが起こりました。それにともない、東ヨーロッパの社会主義陣営が消滅しました。

東ドイツ
ポーランド
ソ連
チェコスロバキア
ハンガリー
ルーマニア
ユーゴスラビア
ブルガリア
アルバニア
※国名、国境は、1989年のもの。

東ドイツ
1989年にベルリンの壁がこわされる。1990年に西ドイツに編入され、ドイツが統一される。

チェコスロバキア
1989年に社会主義政権がたおれ、民主化が実現。流血がなくなめらかに進んだことから「ビロード革命」と呼ばれる。

ハンガリー
1989年に自由化と民主化が進む。

ポーランド
1989年にワレサが率いる「連帯」を中心とする政権ができる。1990年にワレサ大統領が誕生。

ルーマニア
1989年に革命が起こり、独裁者の政権をたおす。1990年に共産党一党独裁が終わる。

ブルガリア
1989年に民主化を要求する運動が高まる。1990年に共産党一党独裁が終わる。

アメリカ
西側の国と仲よくしたい
バルト3国
ドイツ
ロシア
チェコ
ポーランド
ルーマニア
イギリス
ハンガリー
フランス
ブルガリア

東ヨーロッパ諸国がNATOへ

1991年にソ連が解体して、ロシアなど15の国に分かれました。それにともない、ソ連と東ヨーロッパの国々で結成されていたワルシャワ条約機構もなくなりました。東ヨーロッパ諸国は、いずれロシアが攻めてくるのではないかとの不安から、アメリカ側のNATOに加盟していきます。この動きには、ロシアが警戒感を強めています。

ソ連のゴルバチョフ書記長の政策により、政治や経済の自由化が進むと、東ヨーロッパの国々でも改革の動きが出てきました。ポーランド、ハンガリー、旧チェコスロバキア、ルーマニアなどで、民主化を求める運動が活発になり、社会主義体制が崩壊していきました。東西に分かれていたドイツも、1989年に自由な行き来が認められ、1990年に東西ドイツが統一されました。1991年には、COMECONやワルシャワ条約機構が解消され、東ヨーロッパの社会主義国圏はなくなりました。

ソ連では1990年に共産党の一党支配に代わって、大統領制が導入され、ゴルバチョフが大統領に選出されました。

東ヨーロッパの国々の民主化は、ソ連国内のさまざまな民族にも影響をあたえ、各地で独立運動が起こりました。1991年には、ウクライナ、アゼルバイジャンなどがソ連からはなれることを宣言、共産党が解散したことでソ連は、ロシアなど15か国に解体しました。

新しい戦争の時代へ

　冷戦の時代が終わりをむかえ、世界には平和な時代が訪れると思われました。しかし、戦争や紛争がなくなることはありませんでした。

　2001年にアメリカで起こった同時多発テロに対して、アメリカはイスラム教の過激派グループ「アルカイダ」の犯行であるとし、彼らをかくまっていたアフガニスタンに侵攻しました。2003年には、大量破壊兵器を持っているとしてイラクに攻めこみ、フセイン政権を崩壊させ

ました（イラク戦争）。このように、ソ連の解体によって二大国の時代からアメリカの一強時代に入ったことで、アメリカの独断的な行動が目立つようになり、国際社会からの批判を浴びました。

　2010年代以降は、ヨーロッパの国々がテロ（暴力で政治的な目的をはたすこと）の危険にさらされたり、シリアでの内戦やロシアのウクライナ侵攻など、新たな国際紛争も起こるようになりました。

▌アメリカ同時多発テロ

　2001年9月11日、アメリカでハイジャックされた民間航空機が、ニューヨークの世界貿易センタービルなどに突入し、多数の死傷者を出すというテロ事件が起こりました。アメリカは、この事件をくわだてた組織を、ビンラディンが率いるアルカイダであると断定しました。

　アメリカは、ビンラディンをかくまっているとしてアフガニスタンを攻撃し、アメリカに敵対する政権をたおしました。

Cynet Photo

航空機の突入によって崩壊するニューヨークの世界貿易センタービル。

Cynet Photo

▌イラク戦争

　イラクは、1979年以来、フセイン大統領が独裁的に支配していました。1990年にイラクがとなりのクウェートに攻めこんだことをきっかけに翌年、湾岸戦争が起こり、多国籍軍に敗れていました。

　2003年、イラクが大量破壊兵器を持っているとして、アメリカなどがその放棄を求めました。アメリカ・イギリスは、国連の決議がないままイラクに攻め入り、フセイン政権をたおしました。これをイラク戦争といいます。のちに、イラクは大量破壊兵器を持っていなかったことがわかっています。

フセイン政権が終わり、フセイン大統領の銅像が引きたおされた。

冷戦終結後、アジアでは中国がめざましい経済発展をとげ、アメリカに並ぶような強国になっていきました。

中国はランドパワーの国ですが、太平洋やインド洋への進出をめざしています。そのことが、アジアの周辺諸国との対立を生み、さらに超大国のアメリカともぶつかるようになっていることから、「新冷戦」とも言われています。アメリカは中国の台頭を警戒し、日本などとともに中国の海洋進出を封じこめようとしています。その戦略のひとつがQUAD（日米豪印戦略対話）です。アメリカ、日本、オーストラリア、インドの4か国が外交や安全保障などを協議するわく組みを築いて、シーパワーの国が協力して中国の動きをおさえようとするものです。QUADに加わることで、日本もアメリカと中国の対立に巻きこまれるおそれもあります。今後の国際社会での日本の役割もより重要になっていくことでしょう。

中国をおさえこむ戦略

アメリカ、日本、オーストラリア、インドは、QUAD（日米豪印戦略対話）で、「自由で開かれたインド太平洋」の構想の実現をめざしています。これは、海洋に進出しようとする中国をおさえこむ戦略でもあります。

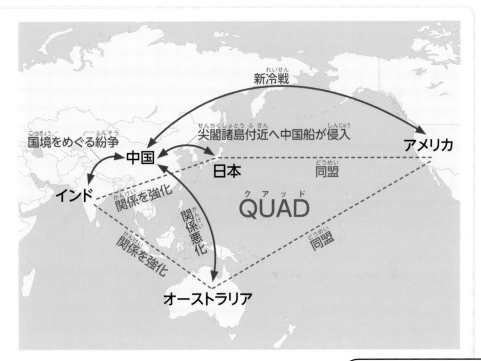

中国の戦略は？

アメリカが中国をおさえこむ戦略をとるのに対して、中国も抵抗を示しています。アメリカと関係がよくないロシアやトルコ、イラン、中東のアラブ諸国などとの関係を深め、アメリカに対抗する戦略をとろうとしています。

また、経済援助を通してアフリカの諸国を味方につけようとしています。

次は、戦争をなくすにはどうしたらよいかを考えるよ。

戦争をなくすために

ここまでは、これまでに世界で起こった戦争と、戦争を防ごうと行動した人々の歩みについて見てきました。人類は悲惨な戦争をくり返し、一方でその反省から戦争を防ぐための試みを続けてきました。にもかかわらず、いまだに戦争はなくなっていません。ここからは、戦争をなくすために世界で行われている取り組みについて見ていきます。

まず、国際社会において、国同士の対立が戦争にまで発展しないようにするための試みについてです。

さまざまな国が国境を接しているヨーロッパでは、古くから戦争が絶えませんでした。それぞれの国が自国の領土を広げようと自分勝手なふるまいをすることが戦争につながると考えられたため、国と国の間でルールを定めて、そのルールのもとに話し合いをもつことで、戦争を未然に防ごうとするようになりました。このようにしてできたルールは国際法と呼ばれ、しだいに整備されて世界に広まっていきました。国際法は戦争をさけるための重要な歯止めとして機能しています。

▶ 国際法の始まりと歩み

国際法は、国と国の間で長い年月をかけて整えられてきた条約や慣習がもとになっています。長い間戦争が続いたヨーロッパで、16世紀から18世紀にかけて整備されました。

オランダの法学者グロティウスは、『戦争と平和の法』などの著書で、戦争の権利や原因、方法について述べ、初めて国際法を体系化しました。

17世紀のヨーロッパで、30年にわたって続いた宗教戦争の終結後に結ばれたウェストファリア条約が、世界初の近代的な国際条約とされています。

19世紀から20世紀にかけて、国際法は世界的に知られるようになり、国と国との間で問題が起こった場合の共通ルールと考えられるようになりました。

多くの国が領土などの問題を話し合う

国際法

Cynet Photo

グロティウス（1583〜1645年）
オランダの法学者、政治家。戦争を防ぐためには国際法が必要であると主張した。国際法を体系化し、「国際法の父」と呼ばれる。

▶ 国際法の例と特色

国際法には、「ほかの国の政治のやり方に他国は口を出さない」、「国と国が対立した場合は、当事国同士で解決する」といったルールがあります。

国際法は、各国で定めている憲法や法律などのように、はっきりした文章で書かれているわけではなく、日本の国会にあたるような、国際法をつくる機関があるわけでもありません。また、国際法を破ったとしても明確な罰則が定められているわけでもありません。国際社会が慣習的に認め合うことで成り立っているのです。

内政不干渉

口出しするな！

争いは当事国同士で解決

▶国連の平和維持活動

国連の安全保障理事会は、5つの大国それぞれの立場や考え方のちがいから、時にじゅうぶん機能しないことがあります。それを補うために、平和維持活動（PKO）が行われます。

紛争後の休戦や停戦の監視をするほか、停戦後に実施される選挙の支援や人権の保護など、はば広く活動しています。

南スーダンのひなん民居住区で、給水状況を視察する日本の自衛隊員。

朝日新聞社／Cynet Photo

PKOには、日本の自衛隊なども参加している。

© UNICEF/UN0635209/Mulala

ユニセフの活動のひとつ。衛生的な水で手洗いができるようになった。

▶人々の生活を向上させる活動

国連には、人々の生活の向上をめざす専門機関や国際機関が置かれています。

WHOは、すべての人々が可能な最高の健康水準に到達することを目的とし、世界の人々の健康を守るためのはば広い活動をしています。ユネスコは、「諸国民の教育、科学、文化の協力と交流を通じて、国際平和と人類の福祉」を進める機関で、貧困や差別、環境問題などの解決に取り組んでいます。ユニセフは、すべての子どもの命と権利を守るために、保健、栄養、水と衛生、教育などの分野で支援活動を行っています。

第一次世界大戦、第二次世界大戦という2つの世界大戦を経て、戦争を未然に防ぎ、平和を守る国際的な機関がつくられました。

第一次世界大戦後には、国際連盟ができましたが、アメリカなどの大国が参加しなかったことなどが原因でじゅうぶんに機能せず、第二次世界大戦を防ぐことができませんでした。そこで、第二次世界大戦後に設立されたのが国際連合（国連）です（→21ページ）。

国連では、安全保障理事会（安保理）に世界の平和と安全を守るための強い権限をあたえています。また、そ

のほかにも平和を維持するための活動をしています。

国連では、紛争地域での停戦の監視などのために、平和維持活動（PKO）を行い、日本もこれに参加しています。また、経済、社会、文化、環境、人権などはば広い分野で、人々の生活の向上をはかることが、平和を保つことにつながるとして、さまざまな活動もしています。そのために、WHO（世界保健機関）、ユネスコ（国連教育科学文化機関）などの専門機関が設けられています。そのほかに、ユニセフ（国連児童基金）などの国際機関も活やくしています。

戦争のないヨーロッパを

二度にわたる世界大戦で戦場になったヨーロッパでは、過去の戦争への反省から、国同士の経済的なつながりを強め、ヨーロッパの国々の結束をはかろうとする動きが起こりました。

1952年、フランス、旧西ドイツ、イタリア、ベネルクス3国（オランダ、ベルギー、ルクセンブルク）の間で、石炭や鉄鋼の共有化をめざすヨーロッパ石炭鉄鋼共同体（ECSC）が結成されました。この試みが成功したことで、1958年には6か国の市場統合をめざすヨーロッパ経済共同体（EEC）が、1967年にはヨーロッパ共同体（EC）が発足しました。その後、ECには、イギリス、アイルランド、デンマークが加わって拡大ECとなり、さらにギリシャ、スペイン、ポルトガルが加盟しました。

1993年には、加盟国の結びつきをより強化するヨーロッパ連合（EU）ができました。経済面では、共通通貨としてユーロを導入し、EU圏全体がひとつの市場のようになりました。経済以外でも、政治、安全保障、難民の受け入れなどに、共通の政策をとることをめざしました。

▌ヨーロッパ連合(EU)

1993年に発足したヨーロッパ連合は、1999年に共通通貨としてユーロを導入、2004年には東ヨーロッパの国々も加盟しました。2020年にイギリスが脱退して、2023年現在の加盟国は、27か国です。

加盟国間では、国境を自由にこえられ、貿易に関税がかかりません。また、ほかの国に居住していても地方参政権（地域の政治に参加する権利）が認められ、移住先の国の福祉も受けることができます。

ヨーロッパ連合の共通通貨、ユーロ。
© PIXTA

ヨーロッパ連合(EU)加盟国（2023年3月現在）

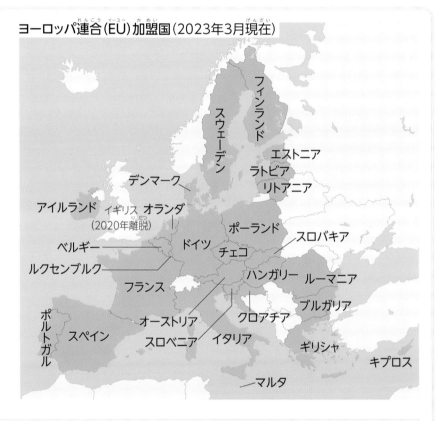

フィンランド／スウェーデン／エストニア／ラトビア／リトアニア／デンマーク／アイルランド／イギリス（2020年離脱）／オランダ／ポーランド／スロバキア／ベルギー／ドイツ／チェコ／ルクセンブルク／ハンガリー／ルーマニア／フランス／ブルガリア／ポルトガル／オーストリア／クロアチア／スペイン／スロベニア／イタリア／ギリシャ／キプロス／マルタ

▌ヨーロッパ連合(EU)がノーベル平和賞を受賞

2012年、ヨーロッパ連合がノーベル平和賞を受賞しました。ノーベル平和賞の授与を審議するノルウェーのノーベル賞委員会は、受賞理由について、「欧州の平和と調和、民主主義と人権の向上に60年以上にわたって貢献した」と説明しました。

前身であるヨーロッパ石炭鉄鋼共同体からの平和への取り組みが評価されたものです。

2012年12月10日のノーベル平和賞授賞式。EUの代表者が授賞式に参加した。
代表撮影/AP/アフロ

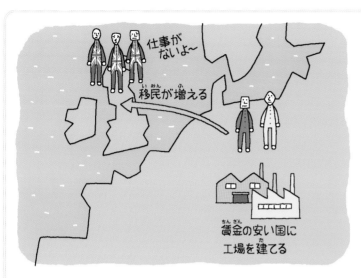

■ヨーロッパ連合(EU)の課題

ヨーロッパ連合（EU）にはいくつかの問題があります。加盟国内で自由に移動できることで移民が増え、もともとの住民との間にトラブルが起こります。移民によって、移住先の国の失業者が増えることもあります。

EU内の経済格差から、労働者の賃金の安い国に工場が移転したり、経済が豊かでない国の加盟が増えることで、それらの国への支援が必要になったり、ユーロの価値が下がったりすることもあります。

さらに政治的なつながりを強めようとすると、各国の考えのちがいから対立につながることも考えられます。

■イギリスのヨーロッパ連合(EU)からの離脱

ヨーロッパ連合（EU）に加盟していたイギリスには、ポーランドなどから大量の労働者が移民として流入していました。移民に対する社会保障費が増えたことや、EUに加盟していることでさまざまな制約を受けることなどがイギリス国内で問題とされ、2016年にEUに残るか離脱するかの国民投票が行われました。

その結果、わずかの差で離脱派がまさり、2020年にイギリスはEUを離脱しました。ただ、離脱したことで、イギリスはかえって損害をこうむったとする批判もあります。

Cynet Photo

EUからの離脱を決める国民投票の結果に喜ぶ離脱派の人々。

> イギリスのEU離脱は世界にしょうげきをあたえたよ。

ヨーロッパ連合（EU）によって、ヨーロッパ各国の政治的、経済的なつながりが強化されてきましたが、問題点もあります。

ひとつは移民問題です。加盟国間での移動が自由になり、仕事にもつけるとなると、賃金の安い国から高い国へと移住する人が増えます。以前EUに加盟していたイギリスには、多くの人が移民としてイギリス以外の国からやってきました。彼らは、イギリス国民と同様の保険やサービスが受けられるのに、税金や保険料を納めないことも多く、批判されていました。

また、各国の経済の格差による問題もあります。EUの加盟国の中には、経済的に豊かな国もそうでない国もあります。ヨーロッパの統合をめざすなら、豊かな国がそうでない国を援助する経済政策をとるべきですが、そうなれば豊かな国の国民からは不満の声があがります。このような問題から、2020年にはイギリスがEUを離脱しました。

各国の国民性のちがいや経済格差を認めて、ヨーロッパの結束がさらに強くなるのか、逆の動きになるのかは、世界の平和に影響する問題だけに注目されます。

平和のための取り組み

現在の世界には、多くの人の命を一瞬でうばってしまう核兵器を持つ国がいくつもあります。万一、核保有国同士が戦争になれば、どちらの国もほろびてしまうこともあり得ます。だからこそ、どの国も実際に核兵器を使うことはしないだろうとする見方もあります。つまり、おたがいが強力な武器を持つことで戦争を防いでいるという考え方です。しかし、絶対に核兵器が使われないという保証はどこにもありません。そこで、世界から核兵器を減らし、やがてはなくそうとする動きがあります。人類をほろぼしてしまうような恐ろしい武器を捨てて、人々が安心して暮らせる平和な世界をつくるようはたらきかける行動です。

では、平和とはどのような状態をいうのでしょう。「戦争がない」状態はたしかに平和といえるかもしれませんが、戦争がないというだけの状態は「消極的平和」といわれます。これに対し、戦争でうばわれる命も、貧困や飢餓などで失われる命も平等であるという考えに立ち、戦争がないうえに、人々の暮らしが改善され、貧困や飢餓などに直面する人がいなくなる状態を「積極的平和」といいます。

■ 人類をほろぼす核兵器

核兵器とは、太平洋戦争で広島や長崎に投下された原子爆弾をはじめ、水素爆弾、中性子爆弾などをさします。すさまじい威力を持ち、一度にたくさんの人の命をうばうことができる武器です。

世界には、アメリカやロシア、中国など、大量の核兵器を持つ国があり、世界じゅうにある核兵器を合わせると、全人類を何度もほろぼすことができるほどの威力を持っています。

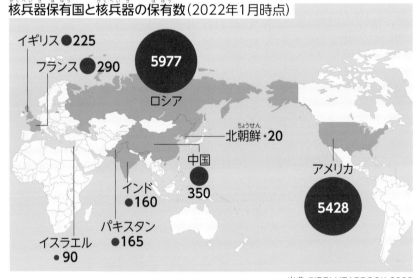

核兵器保有国と核兵器の保有数（2022年1月時点）

イギリス ●225
フランス ●290
5977
ロシア
北朝鮮 •20
中国
350
インド
● 160
パキスタン
● 165
イスラエル
• 90
アメリカ
5428

出典:SIPRI YEARBOOK 2022

■ 核兵器廃絶への動き

核兵器による人類滅亡の危機が現実のものになると、核兵器の実験を禁止したり、核兵器が広がらないようにしたりする動きが出てきました。世界では、1960年代から、地下以外での核実験を禁止する部分的核実験禁止条約、核保有国を増やさない核拡散防止条約が結ばれました。2017年には、国連で核兵器禁止条約が採択され、2021年に発効しました。核兵器禁止条約には、2023年3月現在、92の国が署名し、68の国が批准（結んだ条約をその国の議会などが同意すること）しています。しかし、日本やアメリカはこの条約を批准していません。

朝日新聞社／Cynet Photo

核兵器禁止条約が発効したことを祝う集会に集まった人々。日本の同条約批准を訴えた。広島市の原爆ドーム前で。

現代の世界で起こっている地域紛争やテロの根本には、貧困や飢餓、差別などの問題が大きく関わっています。また、それらの原因に、先進国と発展途上国との経済格差や人権意識の低さ、環境破壊などの問題があることも少なくありません。

「積極的平和」を実現するためには、貧困や飢餓、差別などに苦しむ人々を支援することが必要です。このような考えに立って、日本は、発展途上国に対して政府開発援助（ODA）をしています。発展途上国にお金を送る

だけでなく、人材を派遣して住民の教育や地域の産業の振興に貢献することもあります。また、政府の活動以外にも、世界各地の支援を必要とする人々のための活動をするNGO（非政府組織）もあります。

国連では、さまざまな問題をかかえる世界を持続可能なものにするため、SDGs（持続可能な開発目標）を採択しています。SDGsの17の目標の中には、「16 平和と公正をすべての人に」がありますが、「1 貧困をなくそう」「2 飢餓をゼロに」など、すべての目標は、「積極的平和」につながるものといえるでしょう。

▶国際協力のために

日本の政府開発援助は、国際協力機構（JICA）がになっています。発展途上国に対しての技術協力、専門家の派遣、機材の提供などの活動をしています。発展途上国の人々が豊かに暮らせるようになるには、どのような援助が必要なのかを考えて、適切な援助ができるようにしています。

また、発展途上国のために、産業や保健・医療、福祉などの分野で人的に支援する海外協力隊や技術者などを現地に送っています。

JICA

カンボジアで教育の支援をする海外協力隊。

JICA/久野武志

ガーナで技術指導をする工事技師。

発展途上国の人々が自立して豊かになっていける支援をしているよ。

▶SDGs（持続可能な開発目標）

環境、社会、人権など、地球規模でさまざまな問題が起こっています。このままではいずれ地球に人類が住めなくなってしまうというおそれから、国連は2015年に「SDGs（持続可能な開発目標）」を採択しました。2030年までに実現することをめざす17の目標です。

日本をはじめ、世界の多くの国々でSDGsを達成するための取り組みが進められています。

SDGsの17の目標

私たちにできること

世界のほとんどの人は、「戦争はよくない」「平和が大切だ」と思っているはずです。ところが、国と国との話になると、そこに利害関係や安全保障の問題がからんできて、ときには対立が起こったり、最悪の場合には戦争になることもあります。どの国も自分の国の利益だけを考えて行動していては、平和は訪れないでしょう。

日本のような民主主義の国では、国民が主権をもっています。主権とは国の政治を動かす権力のことです。私たちは、選挙で選ばれた議員を通じて政治に参加してい

ます。ですから、日本が決して戦争を起こさないようにするためには、戦争に賛成しそうな人を議員に選ばなければよいはずです。簡単なことのようですが、これは案外難しいのです。

民主主義は、暴走する危険をはらんでいます。第二次世界大戦前のドイツでは、国民の大多数がヒトラーを支持して権力をあたえたため、戦争への道を進むことになりました。

政府の宣伝や報道にも気をつける必要があります。太平洋戦争が始まったとき、日本の国民はどのように受け

止めたか知っていますか。多くの国民は、戦争を歓迎したのです。アメリカなどに資源調達を制限され、しめつけられていた暮らしを打開できると喜ぶ人が多かったそうです。また、「日本は神の国だから戦争で負けない」という言葉を信じ、日本の勝利を疑わなかった人も大勢いました。

　戦争をなくすためには、国民の冷静な判断が必要です。そのためには、情報を正しく取り入れ、自分の頭で考えることが大切です。歴史を学ぶと、さまざまな問題の背景が理解しやすくなるはずです。また、世界のさまざまな文化や考え方に接し、おたがいに認め合うことも大切です。戦争は、相手のことがよくわからなかったり、理解しようとしなかったりするせいで、もしかしたら相手が攻めこんでくるのではないかという不安が引き金になって起こることもあるからです。

　物理学者のアインシュタインは、第二次世界大戦前、ドイツが原子爆弾を開発することを恐れ、アメリカ大統領に原爆の開発をすすめました。しかし、日本に投下された原爆の威力と惨状を聞き、激しく後悔しました。平和について述べた彼の言葉をかみしめてみましょう。

平和は力によっては保たれない。平和はただ理解し合うことによってのみ、達成できるのだ。──アインシュタイン

3巻のまとめ

戦争と平和の歴史

農耕が始まり、定住することで国ができ、
戦争が起こるようになった。

古代ローマは、地中海を内海とすることで、
シーパワーからランドパワーに変わった。

モンゴル帝国は、ランドパワーで広大な領土を支配したが、
シーパワーは発揮できなかった。

大航海時代に、ポルトガル、スペイン、オランダ、
イギリスといったシーパワーの国が勢力をのばした。

鉄道が発達すると、ロシアやドイツなどの
ランドパワーの国が国力を強めた。

第一次世界大戦後に国際連盟ができたが、
その効果はじゅうぶんとは言えなかった。

第二次世界大戦後に、
世界の平和と安全を維持するために国際連合ができた。

第二次世界大戦後、東西冷戦時代が続いた。
1989年に冷戦終結が宣言されたが、地域紛争やテロが
続いている。また、アメリカと中国の間で新冷戦が起こっている。

どうすれば戦争がなくなるの?

戦争を防ぐために、ヨーロッパで国際法が整備された。

ヨーロッパの戦争を防ぐために、ヨーロッパ統合をめざす
ヨーロッパ石炭鉄鋼共同体(ECSC)が結成され、
ヨーロッパ連合(EU)につながった。

核兵器の削減や廃絶の取り組みがある。
また、平和をめざす国際協力もある。

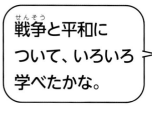

戦争と平和について、いろいろ学べたかな。

これからもいろいろな学びをしていきましょう。

さくいん

教えて！池上彰さん
どうして戦争は なくならないの？
地政学で見る世界
3
戦争と平和の歩み

2023年4月6日　第1刷発行
2024年4月23日　第2刷発行

（監修）池上彰（いけがみ・あきら）

1950年、長野県生まれ。ジャーナリスト、名城大学教授、東京工業大学特命教授。慶應義塾大学卒業後、73年にNHK入局。94年から11年間、「週刊こどもニュース」のお父さん役として活躍。2005年に独立。「知らないと恥をかく世界の大問題」シリーズ、『何のために伝えるのか？ 情報の正しい伝え方・受け取り方』（KADOKAWA）、『池上彰の「経済学」講義1・2』（角川文庫）など著書多数。『なぜ僕らは働くのか 君が幸せになるために考えてほしい大切なこと』（学研プラス）など監修も多数。

ブックデザイン	高橋コウイチ（WF）
企画・編集	山岸都芳（小峰書店）
編集協力	大悠社
表紙イラスト	KanKhem／Shutterstock.com cobalt88／Shutterstock.com DrAndY／Shutterstock.com
本文イラスト	タカダカズヤ
図版作成	アトリエ・プラン
監修者	池上彰
発行者	小峰広一郎
発行所	株式会社 小峰書店 〒162-0066 東京都新宿区市谷台町4-15 電話 03-3357-3521　FAX 03-3357-1027 https://www.komineshoten.co.jp/
印刷	株式会社 三秀舎
製本	株式会社 松岳社

参考文献

池上彰『池上彰の君と考える戦争のない未来』（理論社）

池上彰『池上彰の世界を知る学校』（朝日新聞出版）

池上彰『なぜ世界を知るべきなのか』（小学館）

池上彰『なぜ、世界から戦争がなくならないのか？』（SBクリエイティブ）

池上彰『20歳の自分に教えたい！現代史のきほん』（SBクリエイティブ）

池上彰『知らないと恥をかく世界の大問題』（KADOKAWA）

池上彰『世界から戦争がなくならない本当の理由』（祥伝社）

池上彰監修『ライブ！2022 公共、現代社会を考える』（帝国書院）

鍛冶俊樹監修　インフォビジュアル研究所著『図解でわかる14歳からの地政学』（太田出版）

奥山真司監修『サクッとわかるビジネス教養 地政学』（新星出版社）

神野正史監修『[最新版]地政学でよくわかる！世界の戦争・紛争・経済史』（コスミック出版）

曽村保信『地政学入門 改版 外交戦略の政治学』（中央公論新社）

田中孝幸『13歳からの地政学 カイゾクとの地球儀航海』（東洋経済新報社）

出口治明『教養としての「地政学」入門』（日経BP）

船橋洋一監修　バウンド著『こども地政学 なぜ地政学が必要なのかがわかる本』（カンゼン）

パスカル・ボニファス　ユベール・ヴェドリーヌ『最新 世界紛争地図』（ディスカヴァー・トゥエンティワン）

祝田秀全監修　長谷川敦著『世界史と時事ニュースが同時にわかる新 地政学』（朝日新聞出版）

村山秀太郎監修『図解でよくわかる地政学で読みとく「これからの世界」』（世界文化社）

村山秀太郎監修『地政学で読みとく海がつくった世界史（実業之日本社）

宮崎正勝『覇権の流れがわかる！海洋の地政学』PHP研究所

茂木誠『世界史で学べ！地政学』（祥伝社）

ほか